AF431474

Mes conclusions de cette session:

A contacter:

A rechercher:

A développer:

Et aussi...

Date: ___/___/______

<u>Tout ce qui me passe par la tête, sans exception !</u>

Temps de recherche: _______

Connaissez-vous Masayoshi Son ?

Cet homme d'affaire japonais né en 1957 est le fondateur de SoftBank, une holding japonaise valorisée à plusieurs milliards de dollars. Masayoshi a développé cette société à l'âge de 24 ans, la financant grâce à 3,2 milions de dollars qu'il a obtenu suite à la vente de deux de ses inventions, dont un dictionnaire électronique, révolutionnaire à l'époque.

Une fois, vers ses 20 ans, il demande à ses amis *"comment serait-il possible de faire 10 000$ par jour en 5 minutes par jour ?"*. Bien sûr, ses amis se moquent gentiment de cette question qui semble ridicule. C'est alors qu'il décide de prendre 5 minutes, chaque jour, pendant 18 mois, pour réfléchir à des opportunités et d'éventuelles innovations.

Au terme de ces 18 mois, il a ses 3,2 millions de dollars et lance SoftBank.

A travers ce carnet, marchez sur les pas de Masayoshi Son et libérez votre créativité. Tous ce qu'il vous faut aujourd'hui, ce sont 5 minutes.

A votre chronomètre !

Date: ____/____/______

<u>Tout ce qui me passe par la tête, sans exception !</u>

____
____
____
____
____
____
____
____
____
____
____
____
____
____
____
____
____
____
____
____
____
____
____
____
____
____
____
____

Temps de recherche: ________

Mes conclusions de cette session:

A contacter:

A rechercher:

A développer:

Et aussi...

Date: ___/___/______

Tout ce qui me passe par la tête, sans exception !

Temps de recherche: _______

Mes conclusions de cette session:

A contacter:

____

____

____

____

____

A rechercher:

____

____

____

____

____

A développer:

____

____

____

____

____

Et aussi...

____

____

____

____

____

Date: ____/____/______

<u>**Tout ce qui me passe par la tête, sans exception !**</u>

Temps de recherche: ________

◆●◆

<u>**Mes conclusions de cette session:**</u>

<u>A contacter:</u>

<u>A rechercher:</u>

<u>A développer:</u>

<u>Et aussi...</u>

◆●◆

Date: ____/____/______

<u>Tout ce qui me passe par la tête, sans exception !</u>

Temps de recherche: _______

<u>**Mes conclusions de cette session:**</u>

<u>**A contacter:**</u>

<u>**A rechercher:**</u>

<u>**A développer:**</u>

<u>**Et aussi...**</u>

Date: ___/___/______

<u>Tout ce qui me passe par la tête, sans exception !</u>

Temps de recherche: _______

Mes conclusions de cette session:

A contacter:

A rechercher:

A développer:

Et aussi...

Date: ____/____/______

<u>Tout ce qui me passe par la tête, sans exception !</u>

Temps de recherche: _______

Mes conclusions de cette session:

A contacter:

____
____
____
____
____
____

A rechercher:

____
____
____
____
____
____

A développer:

____
____
____
____
____
____

Et aussi...

____
____
____
____
____
____

Date: ____/____/_______

<u>Tout ce qui me passe par la tête, sans exception !</u>

Temps de recherche: _______

Mes conclusions de cette session:

A contacter:

A rechercher:

A développer:

Et aussi...

Date: ___/___/______

<u>**Tout ce qui me passe par la tête, sans exception !**</u>

Temps de recherche: _______

Mes conclusions de cette session:

A contacter:

____
____
____
____
____

A rechercher:

____
____
____
____
____

A développer:

____
____
____
____

Et aussi...

____
____
____
____
____

Date: ___/___/______

<u>Tout ce qui me passe par la tête, sans exception !</u>

Temps de recherche: _______

<u>**A contacter:**</u>

____
____
____
____
____
____

<u>**A rechercher:**</u>

____
____
____
____
____
____

<u>**A développer:**</u>

____
____
____
____
____
____

<u>**Et aussi...**</u>

____
____
____
____
____
____

Date: ____/____/______

<u>**Tout ce qui me passe par la tête, sans exception !**</u>

Temps de recherche: _______

<hr>

<u>Mes conclusions de cette session:</u>

<u>A contacter:</u>

____
____
____
____
____
____

<u>A rechercher:</u>

____
____
____
____
____
____

<u>A développer:</u>

____
____
____
____
____
____

<u>Et aussi...</u>

____
____
____
____
____

<hr>

Date: ___/___/______

<u>Tout ce qui me passe par la tête, sans exception !</u>

Temps de recherche: _______

Mes conclusions de cette session:

A contacter:

A rechercher:

A développer:

Et aussi...

Date: ___/___/______

Tout ce qui me passe par la tête, sans exception !

Temps de recherche: _______

Mes conclusions de cette session:

A contacter:

A rechercher:

A développer:

Et aussi...

Date: ____/____/______

<u>Tout ce qui me passe par la tête, sans exception !</u>

Temps de recherche: _______

Mes conclusions de cette session:

A contacter:

A rechercher:

A développer:

Et aussi...

Date: ___/___/_____

Tout ce qui me passe par la tête, sans exception !

Temps de recherche: _______

<u>Mes conclusions de cette session:</u>

<u>A contacter:</u>

<u>A rechercher:</u>

<u>A développer:</u>

<u>Et aussi...</u>

Date: ___/___/______

<u>Tout ce qui me passe par la tête, sans exception !</u>

Temps de recherche: _______

<u>Mes conclusions de cette session:</u>

<u>A contacter:</u>

<u>A rechercher:</u>

<u>A développer:</u>

<u>Et aussi...</u>

Date: ____/____/______

<u>Tout ce qui me passe par la tête, sans exception !</u>

Temps de recherche: ________

<u>**Mes conclusions de cette session:**</u>

<u>**A contacter:**</u>

<u>**A rechercher:**</u>

<u>**A développer:**</u>

<u>**Et aussi...**</u>

Date: ___/___/______

<u>**Tout ce qui me passe par la tête, sans exception !**</u>

Temps de recherche: ________

◆●◆

<u>Mes conclusions de cette session:</u>

<u>A contacter:</u>

<u>A rechercher:</u>

<u>A développer:</u>

<u>Et aussi...</u>

◆●◆

Date: ____/____/______

<u>Tout ce qui me passe par la tête, sans exception !</u>

Temps de recherche: _______

<u>Mes conclusions de cette session:</u>

<u>A contacter:</u>

____
____
____
____
____
____

<u>A rechercher:</u>

____
____
____
____
____
____

<u>A développer:</u>

____
____
____
____
____

<u>Et aussi...</u>

____
____
____
____
____

Date: ____/____/______

<u>Tout ce qui me passe par la tête, sans exception !</u>

Temps de recherche: _______

<u>Mes conclusions de cette session:</u>

<u>A contacter:</u>

<u>A rechercher:</u>

<u>A développer:</u>

<u>Et aussi...</u>

Date: ____/____/______

Tout ce qui me passe par la tête, sans exception !

Temps de recherche: ________

Mes conclusions de cette session:

A contacter:

A rechercher:

A développer:

Et aussi...

Date: ___/___/_____

<u>Tout ce qui me passe par la tête, sans exception !</u>

Temps de recherche: _______

Mes conclusions de cette session:

A contacter:

A rechercher:

A développer:

Et aussi...

Date: ____/____/______

<u>Tout ce qui me passe par la tête, sans exception !</u>

Temps de recherche: _______

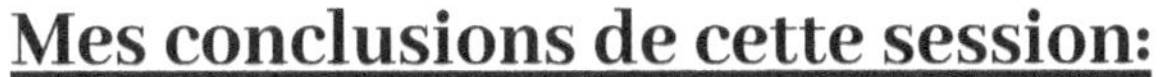

Mes conclusions de cette session:

A contacter:

A rechercher:

A développer:

Et aussi...

<u>Tout ce qui me passe par la tête, sans exception !</u>

Mes conclusions de cette session:

A contacter:

A rechercher:

A développer:

Et aussi...

Date: ___/___/______

Tout ce qui me passe par la tête, sans exception !

Temps de recherche: ______

<u>**Mes conclusions de cette session:**</u>

<u>**A contacter:**</u>

<u>**A rechercher:**</u>

<u>**A développer:**</u>

<u>**Et aussi...**</u>

Date: ___/___/_____

<u>Tout ce qui me passe par la tête, sans exception !</u>

Temps de recherche: ______

<u>**Mes conclusions de cette session:**</u>

<u>**A contacter:**</u>

<u>**A rechercher:**</u>

<u>**A développer:**</u>

<u>**Et aussi...**</u>

Date: ___/___/______

<u>Tout ce qui me passe par la tête, sans exception !</u>

Temps de recherche: _______

<u>**Mes conclusions de cette session:**</u>

<u>A contacter:</u>

<u>A rechercher:</u>

<u>A développer:</u>

<u>Et aussi...</u>

Date: ___/___/_____

<u>**Tout ce qui me passe par la tête, sans exception !**</u>

Temps de recherche: _______

<u>**Mes conclusions de cette session:**</u>

<u>**A contacter:**</u>

<u>**A rechercher:**</u>

<u>**A développer:**</u>

<u>**Et aussi...**</u>

Date: ____/____/______

<u>Tout ce qui me passe par la tête, sans exception !</u>

**Temps de recherche: ________

<u>Mes conclusions de cette session:</u>

<u>A contacter:</u>

<u>A rechercher:</u>

<u>A développer:</u>

<u>Et aussi...</u>

Date: ___/___/_____

<u>Tout ce qui me passe par la tête, sans exception !</u>

Temps de recherche: _______

<u>**Mes conclusions de cette session:**</u>

<u>**A contacter:**</u>

<u>**A rechercher:**</u>

<u>**A développer:**</u>

<u>**Et aussi...**</u>

Date: ____/____/______

<u>**Tout ce qui me passe par la tête, sans exception !**</u>

Temps de recherche: ________

<u>**Mes conclusions de cette session:**</u>

<u>**A contacter:**</u>

____
____
____
____
____
____

<u>**A rechercher:**</u>

____
____
____
____
____

<u>**A développer:**</u>

____
____
____
____
____

<u>**Et aussi...**</u>

____
____
____
____
____

Date: ___/___/_____

<u>Tout ce qui me passe par la tête, sans exception !</u>

____
____
____
____
____
____
____
____
____
____
____
____
____
____
____
____
____
____
____
____
____
____
____
____
____
____

Temps de recherche: _______

<u>Mes conclusions de cette session:</u>

<u>A contacter:</u>

<u>A rechercher:</u>

<u>A développer:</u>

<u>Et aussi...</u>

Date: ___/___/______

<u>Tout ce qui me passe par la tête, sans exception !</u>

____
____
____
____
____
____
____
____
____
____
____
____
____
____
____
____
____
____
____
____
____
____
____
____
____

Temps de recherche: ________

<u>Mes conclusions de cette session:</u>

<u>A contacter:</u>

<u>A rechercher:</u>

<u>A développer:</u>

<u>Et aussi...</u>

Date: ___/___/_____

Tout ce qui me passe par la tête, sans exception !

Temps de recherche: _______

Mes conclusions de cette session:

A contacter:

A rechercher:

A développer:

Et aussi...

Date: ___/___/_____

<u>**Tout ce qui me passe par la tête, sans exception !**</u>

Temps de recherche: _______

<u>Mes conclusions de cette session:</u>

<u>A contacter:</u>

<u>A rechercher:</u>

<u>A développer:</u>

<u>Et aussi...</u>

Date: ___/ ___/ ______

<u>Tout ce qui me passe par la tête, sans exception !</u>

Temps de recherche: _______

<u>Mes conclusions de cette session:</u>

<u>A contacter:</u>

<u>A rechercher:</u>

<u>A développer:</u>

<u>Et aussi...</u>

Date: ___/___/______

Tout ce qui me passe par la tête, sans exception !

Temps de recherche: _______

Mes conclusions de cette session:

A contacter:

A rechercher:

A développer:

Et aussi...

<u>Tout ce qui me passe par la tête, sans exception !</u>

Mes conclusions de cette session:

A contacter:

A rechercher:

A développer:

Et aussi...

Date: ___/___/_____

<u>Tout ce qui me passe par la tête, sans exception !</u>

Temps de recherche: _______

<u>Mes conclusions de cette session:</u>

<u>A contacter:</u>

<u>A rechercher:</u>

<u>A développer:</u>

<u>Et aussi...</u>

Date: ___/___/_____

<u>**Tout ce qui me passe par la tête, sans exception !**</u>

Temps de recherche: _______

<u>**Mes conclusions de cette session:**</u>

<u>**A contacter:**</u>

<u>**A rechercher:**</u>

<u>**A développer:**</u>

<u>**Et aussi...**</u>

Date: ___/___/_____

<u>**Tout ce qui me passe par la tête, sans exception !**</u>

____
____
____
____
____
____
____
____
____
____
____
____
____
____
____
____
____
____
____
____
____
____
____
____
____

Temps de recherche: _______

<u>**Mes conclusions de cette session:**</u>

<u>**A contacter:**</u>

<u>**A rechercher:**</u>

<u>**A développer:**</u>

<u>**Et aussi...**</u>

Date: ____/____/______

<u>Tout ce qui me passe par la tête, sans exception !</u>

____

____

____

____

____

____

____

____

____

____

____

____

____

____

____

____

____

____

____

____

____

____

____

____

____

____

____

____

Temps de recherche: ________

<u>**Mes conclusions de cette session:**</u>

<u>A contacter:</u>

<u>A rechercher:</u>

<u>A développer:</u>

<u>Et aussi...</u>

Date: ___/___/_____

<u>**Tout ce qui me passe par la tête, sans exception !**</u>

Temps de recherche: _______

Mes conclusions de cette session:

A contacter:

A rechercher:

A développer:

Et aussi...

Date: ___/___/______

<u>Tout ce qui me passe par la tête, sans exception !</u>

Temps de recherche: _______

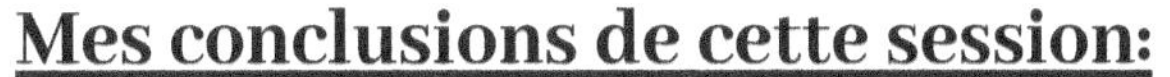

<u>Mes conclusions de cette session:</u>

<u>A contacter:</u>

<u>A rechercher:</u>

<u>A développer:</u>

<u>Et aussi...</u>

Date: ____/____/______

<u>Tout ce qui me passe par la tête, sans exception !</u>

Temps de recherche: ________

<u>Mes conclusions de cette session:</u>

<u>A contacter:</u>

<u>A rechercher:</u>

<u>A développer:</u>

<u>Et aussi...</u>

Date: ____/____/______

<u>Tout ce qui me passe par la tête, sans exception !</u>

Temps de recherche: ________

<u>Mes conclusions de cette session:</u>

<u>A contacter:</u>

<u>A rechercher:</u>

<u>A développer:</u>

<u>Et aussi...</u>

Date: ____/____/______

<u>**Tout ce qui me passe par la tête, sans exception !**</u>

Temps de recherche: _______

Mes conclusions de cette session:

A contacter:

A rechercher:

A développer:

Et aussi...

Date: ___/___/_____

Tout ce qui me passe par la tête, sans exception !

Temps de recherche: ______

<u>**Mes conclusions de cette session:**</u>

<u>**A contacter:**</u>

<u>**A rechercher:**</u>

<u>**A développer:**</u>

<u>**Et aussi...**</u>

Date: ___/___/_____

<u>Tout ce qui me passe par la tête, sans exception !</u>

Temps de recherche: _______

<u>Mes conclusions de cette session:</u>

<u>A contacter:</u>

<u>A rechercher:</u>

<u>A développer:</u>

<u>Et aussi...</u>

Date: ____/____/______

<u>Tout ce qui me passe par la tête, sans exception !</u>

Temps de recherche: ________

<u>Mes conclusions de cette session:</u>

<u>A contacter:</u>

<u>A rechercher:</u>

<u>A développer:</u>

<u>Et aussi...</u>

Date: ___/___/_____

<u>Tout ce qui me passe par la tête, sans exception !</u>

Temps de recherche: ______

Mes conclusions de cette session:

A contacter:

A rechercher:

A développer:

Et aussi...

Date: ___/___/_____

<u>Tout ce qui me passe par la tête, sans exception !</u>

Temps de recherche: _______

<hr>

<u>Mes conclusions de cette session:</u>

<u>A contacter:</u>

<u>A rechercher:</u>

<u>A développer:</u>

<u>Et aussi...</u>

<hr>

Date: ____/____/______

<u>Tout ce qui me passe par la tête, sans exception !</u>

Temps de recherche: _______

◄ ● ►

<u>Mes conclusions de cette session:</u>

<u>A contacter:</u>

____
____
____
____
____
____

<u>A rechercher:</u>

____
____
____
____
____
____

<u>A développer:</u>

____
____
____
____
____
____

<u>Et aussi...</u>

____
____
____
____
____

◄ ● ►

Date: ___/___/______

<u>Tout ce qui me passe par la tête, sans exception !</u>

Temps de recherche: ______

Mes conclusions de cette session:

A contacter:

A rechercher:

A développer:

Et aussi...

Date: ____/____/______

Tout ce qui me passe par la tête, sans exception !

Temps de recherche: _______

Mes conclusions de cette session:

A contacter:

A rechercher:

A développer:

Et aussi...

Date: ____/____/______

<u>Tout ce qui me passe par la tête, sans exception !</u>

Temps de recherche: ________

Mes conclusions de cette session:

A contacter:

A rechercher:

A développer:

Et aussi...

Date: ___/___/_____

<u>Tout ce qui me passe par la tête, sans exception !</u>

Temps de recherche: ______

Mes conclusions de cette session:

A contacter:

A rechercher:

A développer:

Et aussi...

Date: ___/___/_____

<u>Tout ce qui me passe par la tête, sans exception !</u>

Temps de recherche: _______

Mes conclusions de cette session:

A contacter:

A rechercher:

A développer:

Et aussi...

Date: ___/___/_____

Tout ce qui me passe par la tête, sans exception !

Temps de recherche: _______

<u>Mes conclusions de cette session:</u>

<u>A contacter:</u>

<u>A rechercher:</u>

<u>A développer:</u>

<u>Et aussi...</u>

Date: ___/___/______

<u>Tout ce qui me passe par la tête, sans exception !</u>

Temps de recherche: _______

Mes conclusions de cette session:

A contacter:

A rechercher:

A développer:

Et aussi...

Date: ___/___/______

<u>Tout ce qui me passe par la tête, sans exception !</u>

Temps de recherche: ________

Mes conclusions de cette session:

A contacter:

A rechercher:

A développer:

Et aussi...

Date: ____/____/______

<u>Tout ce qui me passe par la tête, sans exception !</u>

Temps de recherche: ________

Mes conclusions de cette session:

A contacter:

A rechercher:

A développer:

Et aussi...

Date: ___/___/_____

<u>**Tout ce qui me passe par la tête, sans exception !**</u>

Temps de recherche: _______

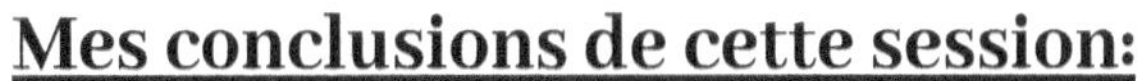

Mes conclusions de cette session:

A contacter:

A rechercher:

A développer:

Et aussi...

Date: ___/___/______

Tout ce qui me passe par la tête, sans exception !

Temps de recherche: _______

Mes conclusions de cette session:

A contacter:

____
____
____
____
____
____

A rechercher:

____
____
____
____
____
____

A développer:

____
____
____
____
____
____

Et aussi...

____
____
____
____
____
____

Date: ____/____/______

Tout ce qui me passe par la tête, sans exception !

Temps de recherche: _______

<u>Mes conclusions de cette session:</u>

<u>A contacter:</u>

<u>A rechercher:</u>

<u>A développer:</u>

<u>Et aussi...</u>

Date: ___/___/_____

<u>**Tout ce qui me passe par la tête, sans exception !**</u>

Temps de recherche: _______

Mes conclusions de cette session:

A contacter:

A rechercher:

A développer:

Et aussi...

Date: ___/___/_____

<u>**Tout ce qui me passe par la tête, sans exception !**</u>

____
____
____
____
____
____
____
____
____
____
____
____
____
____
____
____
____
____
____
____
____
____
____
____
____
____
____
____

Temps de recherche: _______

<u>**Mes conclusions de cette session:**</u>

<u>**A contacter:**</u>

<u>**A rechercher:**</u>

<u>**A développer:**</u>

<u>**Et aussi...**</u>

Date: ____/____/______

Tout ce qui me passe par la tête, sans exception !

Temps de recherche: _______

<u>**Mes conclusions de cette session:**</u>

<u>**A contacter:**</u>

<u>**A rechercher:**</u>

<u>**A développer:**</u>

<u>**Et aussi...**</u>

Date: ___/___/______

Tout ce qui me passe par la tête, sans exception !

Temps de recherche: ______

Mes conclusions de cette session:

A contacter:

A rechercher:

A développer:

Et aussi...

Date: ___/___/_____

<u>Tout ce qui me passe par la tête, sans exception !</u>

____
____
____
____
____
____
____
____
____
____
____
____
____
____
____
____
____
____
____
____
____
____
____
____
____

Temps de recherche: _______

Mes conclusions de cette session:

A contacter:

____
____
____
____
____
____

A rechercher:

____
____
____
____
____
____

A développer:

____
____
____
____
____
____

Et aussi...

____
____
____
____
____

Date: ____/____/______

<u>Tout ce qui me passe par la tête, sans exception !</u>

Temps de recherche: _______

<u>Mes conclusions de cette session:</u>

<u>A contacter:</u>

<u>A rechercher:</u>

<u>A développer:</u>

<u>Et aussi...</u>

Date: ___/___/_____

<u>Tout ce qui me passe par la tête, sans exception !</u>

Temps de recherche: ______

Mes conclusions de cette session:

A contacter:

A rechercher:

A développer:

Et aussi...

Date: ___/___/______

<u>Tout ce qui me passe par la tête, sans exception !</u>

Temps de recherche: _______

Mes conclusions de cette session:

A contacter:

A rechercher:

A développer:

Et aussi...

Date: ___/___/______

<u>Tout ce qui me passe par la tête, sans exception !</u>

Temps de recherche: _______

<u>**Mes conclusions de cette session:**</u>

<u>**A contacter:**</u>

<u>**A rechercher:**</u>

<u>**A développer:**</u>

<u>**Et aussi...**</u>

www.ingramcontent.com/pod-product-compliance
Lightning Source LLC
Chambersburg PA
CBHW030324160726

47992CB00005B/2157